BEI GRIN MACHT SICH IHR WISSEN BEZAHLT

- Wir veröffentlichen Ihre Hausarbeit,
  Bachelor- und Masterarbeit

- Ihr eigenes eBook und Buch -
  weltweit in allen wichtigen Shops

- Verdienen Sie an jedem Verkauf

Jetzt bei www.GRIN.com hochladen
und kostenlos publizieren

Dietmar Bous

Alexander Kluges Fernseharbeiten über Katastrophen

GRIN Verlag

Bibliografische Information der Deutschen Nationalbibliothek:

Die Deutsche Bibliothek verzeichnet diese Publikation in der Deutschen National-
bibliografie; detaillierte bibliografische Daten sind im Internet über http://dnb.d-
nb.de/ abrufbar.

Dieses Werk sowie alle darin enthaltenen einzelnen Beiträge und Abbildungen
sind urheberrechtlich geschützt. Jede Verwertung, die nicht ausdrücklich vom
Urheberrechtsschutz zugelassen ist, bedarf der vorherigen Zustimmung des Verla-
ges. Das gilt insbesondere für Vervielfältigungen, Bearbeitungen, Übersetzungen,
Mikroverfilmungen, Auswertungen durch Datenbanken und für die Einspeicherung
und Verarbeitung in elektronische Systeme. Alle Rechte, auch die des auszugsweisen
Nachdrucks, der fotomechanischen Wiedergabe (einschließlich Mikrokopie) sowie
der Auswertung durch Datenbanken oder ähnliche Einrichtungen, vorbehalten.

Impressum:

Copyright © 2011 GRIN Verlag GmbH
Druck und Bindung: Books on Demand GmbH, Norderstedt Germany
ISBN: 978-3-640-98054-3

Dieses Buch bei GRIN:

http://www.grin.com/de/e-book/176637/alexander-kluges-fernseharbeiten-ueber-
katastrophen

GRIN - Your knowledge has value

Der GRIN Verlag publiziert seit 1998 wissenschaftliche Arbeiten von Studenten, Hochschullehrern und anderen Akademikern als eBook und gedrucktes Buch. Die Verlagswebsite www.grin.com ist die ideale Plattform zur Veröffentlichung von Hausarbeiten, Abschlussarbeiten, wissenschaftlichen Aufsätzen, Dissertationen und Fachbüchern.

Besuchen Sie uns im Internet:

http://www.grin.com/

http://www.facebook.com/grincom

http://www.twitter.com/grin_com

WESTFÄLISCHE
WILHELMS-UNIVERSITÄT
MÜNSTER

Seminar: Filmrealismus bei Alexander Kluge
Sommersemester 2011

Alexander Kluges
Fernseharbeiten über Katastrophen

Referatsausarbeitung

(Referat vom 20.06.2011)

Dietmar Bous

Germanistisches Institut

Inhalt

1. Einleitung

Stellen wir uns mit etwas Fantasie eine Sendezentrale vor. Das Bild vor unserem geistigen Augen zeigt, wie Fernsehen funktioniert. An elektronischen Anlagen sitzen Techniker. Wenn ein Moderator oder Sprecher in die Kamera schaut, blickt er uns, die Zuschauer an, ohne uns tatsächlich zu sehen. Wände von Monitoren zeigen, was von unzähligen Kanälen in diesem Augenblick der Aufnahme als Wahrheit gesendet wird und im nächsten Moment bereits „versendet" ist. Fernsehen hat also die Intention, von Individuen ausgewählte Bilder und Sendungen in Versendetes zu verwandeln.

Alexander Kluge greift an dieser Stelle mit seiner Realismustheorie ein, die zum Modell einer kommunizierenden Gegenöffentlichkeit wird. Hiermit will er dem Zuschauer zur Erkenntnis von Wirklichkeitszusammenhängen verhelfen und den Illusionswirkungen des Mainstream-Fernsehen entgegenwirken. So entstehen Kluges „Gegenproduktionen" zum konventionellen, nivellierten Fernsehen.

In meiner Ausarbeitung möchte ich zunächst auf Kluges Weg vom Kino zum Fernsehen eingehen und seine Motivation hierfür näherbringen. Dabei wird auf seine Gegenoffensive zur Nivellierung des privaten Fernsehens eingegangen, um anschließend Kluges Autorenfernsehen und seine Zielsetzung im Hinblick auf Ausdrucks- und Reflektionspotentiale des Mediums zu erklären. Danach werde ich seine Intermedialität und den Umgang mit dieser auch aus Sicht von Kritikern reflektieren. Im Anschluss daran wird sein Realitätsverständnis im Hinblick auf seine „Recycling-Technik" und sein Verständnis von Wahrheit analysiert. Zum Schluss möchte ich die gewonnenen Eindrücke auf seinen Umgang mit Fernseharbeiten zum Thema Katastrophen hin überprüfen. Diese Ausarbeitung kann nicht den Anspruch der Vollständigkeit erheben, sondern soll Einblicke in „Kluges-Fernsehen" vermitteln.

2. Vom Autorenkino zum Autorenfernsehen

„Der deutsche Film ist schlecht", schreibt 1961 der bekannte Publizist Joe Hembus und legt den Finger in die Wunde. Denn Anfang der Sechziger Jahre steckt die Filmszene künstlerisch, inhaltlich und wirtschaftlich in der Krise. Immer weniger Besucher gehen in die Kinos, Produktions- und Verleihfirmen gehen bankrott. Und der Anspruch sinkt. Das neue Filmgenre in Westdeutschland ist die Heimatidylle, ein Alptraum für den anspruchsvollen Kinogänger. „Wir sahen diese Schnulzenproduktion", erinnert sich der Regisseur Edgar Reitz, „und wie das Publikum geschmacklich verdorben wurde."[1]

Dass dem kreativen Nachwuchs durch die etablierte Filmbranche der Zutritt ins Kino verweigert wird, spüren u.a. auch 26 Filmemacher, die das Oberhausener Manifest, eine Erklärung vom 28. Februar 1962 anlässlich der „8. Westdeutschen Kurzfilmtage" in Oberhausen unterzeichnen und bei einer Pressekonferenz mit dem Titel „Papas Kino ist tot!" proklamieren. Die bis dahin vorwiegend im Kurz- und Dokumentarfilm erfolgreichen Künstler hatten es sich zum Ziel gemacht, die damals desolaten bundesdeutschen Filmproduktion und den Anspruch der Kurzfilmregisseure zu erneuern, um so einen neuen deutschen Spielfilm zu schaffen. Die Diskussion im Anschluss leitet Alexander Kluge. Filmhistoriker sehen diesen Moment zunehmend als die Geburtsstunde des „Jungen deutschen Films" und damit auch den Beginn eines gesellschaftspolitischen Umdenkens der bundesdeutschen Filmkultur nach dem zweiten Weltkrieg, wobei Kluge als Vordenker des deutschen Autorenfilms gilt.

1964 schreibt Kluge: „Der Film muß [...] die kritische Haltung des Zuschauers, den Anspruch des Zuschauers, als ein aufgeklärter Mensch behandelt zu werden, vorwegnehmen."[2] Bereits hier wird deutlich, was Kluges neuer deutscher Film verhindern will: „Die Vorwegnahme der kritischen Haltung des Zuschauers meint nichts anderes, als dass der Zuschauer – wie im Epischen Theater Brechts – in jedem Augenblick selbständig bleiben soll und dass seine Wahrnehmung durch keinerlei dramaturgische Manipulation (Spannungsdramaturgie, unsichtbarer Schnitt, etc.) zu beeinträchtigen sei."[3] Es entwickelt sich der Versuch, die bundesdeutsche Wirklichkeit abzubilden und zu kritisieren. Nach den mutigen Worten des Manifests, kommt es zu ersten Treffen

---

1   Deutsche Welle: Papas Kino ist tot! - Das Oberhausener Manifest. www.dw-world.de/dw/article/0,,4315391,00.html (25.05.2011).

2   Schulte, Christian: Kritische Theorie als Gegenproduktion. Zum Projekt Alexander Kluges. www.freietheater.at/?page=service&subpage=gift&detail=4258&id_text=11 (25.05.2011).

3   Schulte (2011), Internet.

in Bonn mit Politikern, Produzenten, Verleihern, Schauspielern, Autoren und jungen Filmemachern, die gemeinsam über die Zukunft des deutschen Films diskutieren. Nennenswerte Ergebnisse entstehen jedoch erst 1966 mit abendfüllenden Kinofilmen wie z.b. Kluges „Abschied von Gestern".

Mit der Einführung des dualen Rundfunksystems, also dem gleichzeitigen Bestehen von öffentlich-rechtlichen und privatem Fernsehen, gelingt es Kluge Mitte der 1980er Jahre, aufgrund einer Klausel im nordrhein-westfälischen Mediengesetz, in den Programmen der privaten Anbieter RTL und SAT.1 unabhängige Programmfenster zu besetzen. Somit kann er der wenig intellektuellen Geisteshaltung der Kinobranche, den klammen Förderkassen und den damit verbundenen Konventionen entfliehen und seine neue Ausdrucksmöglichkeiten im populären Fernsehmarkt einbringen, um hier mit seinem Alternativentwurf aus dem Autorenkino der Nivellierung der Programme entgegenzuwirken. Am 12. Februar 1987 gründet Kluge gemeinsam mit dem japanischen Werbekonzern Dentsu – er liefert die Werbung von denen die Magazine umrahmt sind ohne Einfluss auf sie zu nehmen – die Firma Development Company for Television Program (DCTP). Dieser schloss sich 1991 auch der Spiegel-Verlag an. Eine Lizenz garantiert der DCTP und ihren Partnern bei ihrer Programmgestaltung völlige Unabhängigkeit und Unkündbarkeit.[4] Während die Spiegel-Produktionen Stern-TV und Spiegel-TV den Sendern hohe Einschaltquoten verschafften, stoßen die von Kluge selbst gestalteten Kulturprogramme *10 vor 11*, *News & Stories* und *Prime Time – Spätausgabe* auf Anfeindung und werden vom damaligen RTL-Chef Helmut Thoma als „Quotenkiller" und „elektronische Wegelagerei" tituliert. Dieser Konflikt konträren Interessen der Programmgestaltung rühren daher, dass Kluge seine bereits erwähnte Einstellung zum Film auf das Fernsehen übertragen hat und sich keinen Quotenerwartungen der kommerziellen Sender unterziehen will. Für ihn stehen Programmvielfalt und nicht -vereinheitlichung im Vordergrund. Kluges Produktionsweise kann als „Gegenproduktion" zu den Vereinheitlichungstendenzen des konventionellen Fernsehens definiert

---

4   Vgl. Schulte, Christian: Vorwort. In: Kluges Fernsehen. Kulturmagazine. Hrsg.
     von Christian Schulte. Aufl. 1. Frankfurt a. M.: Surkamp 2002, S. 8.

werden[5]. Diese Gegenproduktion soll eine Gegenöffentlichkeit ansprechen.

3. Kluges Autorenfernsehen

Der Begriff „Autorenfernsehen" beinhaltet das Nomen „Autor", welches letztlich nichts anderes meint, als dass ein menschlicher Urheber mit lebendiger Arbeit in Form von Fantasie, Realitätssinn und Gefühle, die maßgebliche Rolle in der Herstellung eines Filmes, bzw. einer Fernsehproduktion spielt. So geschieht nichts anderes, als dass lebendige Menschen (Autor) zu anderen lebendigen Menschen (den Zuschauern) in Form von bewegten Bildern sprechen. „Der Autor ist Bote einer Nachricht"[6]. Diese übermittelt er in einer individuellen, charakteristischen und somit wiedererkennbaren Sprache, die keineswegs standardisierten „Konfektionsfilmen" ähnelt.[7] Kluge will mit seinem Autorenfernsehen Fenster schaffen, mit deren Hilfe das langfristige Interesse der Zuschauer angesprochen wird, indem Formen bereitgestellt werden, die der Nivellierung der Programme entgegenwirken und die Ausdrucks- und Reflektionspotentiale des Mediums erweitern.[8] Es werden somit praktisch Fenster aufgestoßen, die das Fernsehen für das offen halten, was außerhalb des Fernsehens passiert. Wie schon in Brechts epischem Theater soll dem Zuschauer das selbständige Denken ermöglicht werden, ohne ihn mit technischen Mitteln zu manipulieren. Erst wenn Aufmerksamkeit und Neugierde geweckt werden, befreit sich der Mensch aus der Gewohnheit sich als bloßer Konsument zu fühlen, was ihn letztlich passiv, unmündig und kollektiv unaufmerksam werden lässt. Für Kluge gibt es kein „Bescheidwissen". In seinen Filmen gibt es keinen erhobenen, dozierenden Zeigefinger. Kritik wird als Unterscheidungs- nicht als Bewertungspraxis verstanden und soll „massenhaftes Unterscheidungsvermögen"[9] hervorrufen. Der Filmautor stellt seine eigene

5   Vgl. Schulte, Christian: Fernsehen der Autoren – Die Kulturmagazine der DCTP. www.kluge-alexander.de/zur-person/texte-ueber/details/artikel/fernsehen-der-autoren-die-kulturmagazine-der-dctp.html (25.05.2011).

6   Schulte, Christian: Dialoge mit Zuschauern. www.kluge-alexander.de/nc/zur-per son/texte-ueber/details/artikel/dialoge-mit-zuschauern/print.html (01.06.2011).

7   Vgl. Stollmann, Rainer: Projekt: Autorenkino - Autorenfernsehen. www.medidap rix.org/mdd_2005/suche/projekt1d7b.html?nr=143 (25.05.2011).

8   Vgl. Schulte (2011), Internet

9   Ebd.

4

Wahrnehmung der Wirklichkeit in Form von Sequenzen öffentlich aus. Der Autor, als Zeuge einer Erfahrung erzählt diese den Zuschauern, die ebenfalls eigene Erfahrungen haben. Die Zuschauer können nun überprüfen, was diese Wahrnehmung mit ihren eigenen Erfahrungen zu tun hat und was nicht. Diese Form der „kritischen Haltung" ist jedoch kein Standpunkte-Denken und erhebt nicht den Anspruch auf Wahrheit. Vielmehr zeigt sie das genaue Gegenteil von „Bescheidwissen" auf. Kluges Filme sollen einen „Dialog" zwischen Autor und Zuschauer, welche er als „Bündnispartner"[10] versteht, initiieren, in denen die dargestellte Mikro- und Makroebene von Realität in deren Köpfen zirkuliert[11]. Durch analytische Kamera und verschiedene Montagetechniken sollen komplexere Wahrnehmungen von äußerer Realität, sowie der eigenen inneren Wirklichkeit (Gefühle) erkenntlich werden. Der Betrachter wandelt alle äußeren Eindrücke wie Bilder, Worte, Töne, in innere Bilder um und setzt sie im Kopf neu zusammen, wo sie gleichzeitig mit eigenen Eindrücken und Erfahrungen verbunden werden.[12] Somit ist nicht die „materielle" Basis des Aussenreizes von Bedeutung, sondern das Verhältnis der Organisation des Materials und die Verarbeitungsfähigkeit der Köpfe. Die Produktion einer komplexeren Wahrnehmung – und somit Erweiterung von Erfahrungshorizonten – ist das Ziel von Kluges Autorenfernsehen.

4. Intermedialität

Matthias Uecker versteht Kluges Filme als einen Verstoß gegen alle professionelle Regeln des Filmemachens: „Bilder im Film sind eher ein notwendiges Übel und nicht die eigentliche Substanz."[13] Für Kluge ist das Licht, Zeitraffung und Musik das Wesentliche, welche unserem gewohnten Auge nicht entsprechen. Dazu kommt seine Zuneigung zu Worten.

Da es unmöglich ist, Kluge auf ein bestimmtes Arbeitsmedium festzulegen

---

10   Schulte, Christian: Kritische Theorie als Gegenproduktion. Zum Projekt Alexander Kluges. Internet (25.05.2011).

11   Vgl. ebd.

12   Vgl. Uecker, Matthias: Rohstoffe und Intermedialität. Überlegungen zu Alexander Kluges Fernsehpraxis. I. Zwischen den Medien. In: Kluges Fernsehen. Kulturmagazine. Hrsg. von Christian Schulte. Aufl. 1. Frankfurt a. M.: Surkamp 2002, S. 84.

13   Vgl. Uecker (2002), S. 82.

und da er sich besonders bei seinen Fernseharbeiten stets über etablierte Genres hinwegsetzt, wird oft der Vorwurf des Dilettantismus laut. Kluge verzichtet ausdrücklich auf die Konversionen medialer Anforderungen, da zu „seichte" Umsetzungen von der Aufmerksamkeit auf das „eigentliche" Medium ablenken würden. Eine besondere Qualität des Fernsehens scheint darin zu bestehen, das Gesendete als Ver-sendetes still zu stellen. Klaus Kreimeier drückt es sinngemäß so aus: Die Sinnvermittlung durch den Non-Stop-Betrieb des Fernsehens wird lahmgelegt.[14]

4.1 Das eigentliches Medium ist der Mensch

Kritiker werfen Kluge vor die Medien (vor allem Film/Bilder und Musik) nicht wirklich zu beherrschen, worauf Kluge erwidert, dass das wirkliche Medium der Mensch sei und nicht etwa Kino, Video-Konzerne oder Radio, da sich der Rezeptionsprozess im Kopf abspiele. So stellt er sich quer zu allen gängigen Medientheorien. Insbesondere seine Fernseharbeiten können nicht als Dilettantismus gewertet werden, sondern eher als Begrenzung des Übertragungssenders, der die Komplexität und Reichhaltigkeit des eigentlichen Mediums nicht angemessen und ohne Störungen transportieren kann. Für Kluge kann ein Film zum Beispiel „porös, schwach, brüchig"[15] sein, denn dann wird der Zuschauer aktiv und kann seine Fantasie einbringen. Statt einzelne Beiträge kontinuierlich zu entwickeln und so eine Homogenität der Materialien darzustellen, zielen seine Arbeiten auf „Fragmentarisierung"[16] ab. Er dekomponiert eine vermeintliche Ganzheit, was die Begrenztheit der Fernsehübertragung spiegelt. Kluge zeigt mit seiner Intermedialität keine Unsicherheit in der Wahl des Medium welches er anwenden soll, sondern im Gegenteil eine Strategie, die ganz bewusst zwischen den Medien hin und herspringt. Er versucht Mediengrenzen zu ignorieren oder sie zu überschreiten und testet so die Leistungsfähigkeit aller Medien aus.

---

14   Kreimeier, Klaus: „Das Seiende im Ganzen aber steuert der Blitz". Anmerkungen zu Alexander Kluges Magazinen. I. Über Kompatibilität. In: Kluges Fernsehen. Kulturmagazine. Hrsg. von Christian Schulte. Aufl. 1. Frankfurt a. M.: Surkamp 2002, S. 40.
15   Vgl. Schulte (2011), Internet.
16   Vgl. Schulte (2002), S. 8.

4.2 Filmisches Recycling

Kluge setzt seine Rohstoffe (seine Filmmaterialien) so ein, dass er die notwendigen Regeln des narrativen oder argumentativen Kontextes nicht beachtet. Der Zuschauer muss sich aus den Bauteilen selber einen Sinnzusammenhang ermitteln. Allerdings sind diese Teile keine beliebigen, willkürlichen Materialien, sondern durchweg schon einmal bearbeitete und nun aus ihrem ursprünglichen Zusammenhang herausgerissenen Materialien, die nun wie Trümmer die Spuren ihres früheren Gebrauchs mit sich führen.[17] Zunächst wirken dann die Filmergebnisse auf den Zuschauer wie Trümmerfelder, Baustellen oder Müllplätze, auf denen unterschiedliche, zusammenhangslose Materialien wahllos durcheinanderliegen: Zeichnungen, Bilder, Fotografien neben Spiel- und Dokumentarfilmen. Diese werden oftmals unterbrochen oder kombiniert von Schriftzeilen am unteren Bildrand, welche auffällig farbig, grafisch und semantisch gestaltet sind. Diese Mischung wird unterlegt mit Musikstücken aus Oper, Schlager, atonale E- oder Techno-Musik.

Der Anteil von selbst produzierten Rohstoffen ist minimal, handelt es sich doch meist um reine Materialcollagen deren Elemente vom Autor regelrecht gefunden, archiviert und anschließend in einen neuen Kontext zusammengefügt wurden. Kluge dient alles, auch die eigenen Arbeiten, als Materialsammlung, die bedenkenlos zerlegt und in neue Kontexte zusammengefügt werden. Das neu entstandene Material ist wiederum Material für die Materialsammlung und wird so wie in einer „Recycling-Anlage"[18] genutzt. Alle Arbeiten Kluges richten sich gegen die Konventionen eines Mediums und damit gegen den Schein des Fertigen, Abgeschlossenheit und Perfektion. Durch diese fragmentarischen Formen verhindert er ein passives Rezeptionsverhalten des Zuschauers.[19]

---

17   Vgl. Uecker (2002), S. 87.
18   Vgl. Uecker (2002), S. 88.
19   Vgl. Schulte, Christian: Fernsehen und Eigensinn. In: Kluges Fernsehen. Kultur
      magazine. Hrsg. von Christian Schulte. Aufl. 1. Frankfurt a. M.: Surkamp 2002, S.
      66.

5. Facts und fakes

Kluge versteht die Wirklichkeit als „geschichtliche Fiktion". Der Einzelne kann „real, vom Schicksal" getroffen werden; dennoch ist die Wirklichkeit kein Schicksal, sondern von Generationen von Menschen gemacht. Auch wenn diese die ganze Zeit über etwas anderes wollen oder wollten. So gesehen ist Wirklichkeit gleichzeitig wirklich und unwirklich. Kluge zufolge sind sogar Dokumentationen, sobald sie ein objektives Bild von Wirklichkeit vermitteln wollen, unwirklich. Der Autor einer Dokumentation blendet aufgrund von Fokussierung der Fakten die subjektive Seite der menschlichen Bedürfnisse, Wünsche und somit weitere Tatsachenzusammenhänge aus. Denn letztlich entsteht die Dokumentation aus subjektiven Entscheidungen die im Kopf des Filmemachers getroffen werden. Folglich wirkt das Subjektive auf das Objektive ein, um die Wirklichkeit zu verändern. Für Kluge ist insofern Dokumentarfilm nicht realistischer als Spielfilm. Ihm zufolge ist der naive Umgang mit Dokumentationen Märchen zu erzählen[20].

In seinem ganzen Werk hat Kluge immer wieder dokumentarisches mit fiktivem Material verschmolzen und immer wieder fiktive Charaktere in realen Situationen präsentiert. Diese sind in diversen Filmprojekten zu finden; in seinen Fernseharbeiten findet man dieses Stilmerkmal verstärkt in den Fake-Interviews. Betont wird die Darstellung von Fiktivem, also Künstlichem, durch Kluges visuelle Umsetzung, indem er das Bildmaterial nicht nur den gesprochenen Text illustrieren, sondern es dokumentieren lässt[21].

6. Fazit

Laut Kluge beschneidet Fernsehen die klassische Öffentlichkeit. Also die Öffentlichkeit die von der Auseinandersetzung mit der Umwelt, also mit anderen Menschen und dem Selbst, lebt. Menschen, die meinen Gefühlen zustimmen oder wiedersprechen und sich so zu mir verhalten. Es gibt keine Identität in der Isolierung. Fernsehen jedoch dosiert, moderiert und selektiert und för-

---

20   Vgl. Schulte (2011), Internet.
21   Vgl. Lutze, Peter: Alexander Kluge und das Projekt der Moderne. Fake-Inter-
      views. In: Kluges Fernsehen. Kulturmagazine. Hrsg. von Christian Schulte. Aufl.1.
      Frankfurt a. M.: Surkamp 2002, S. 27.

dert so eine nichtklassische Öffentlichkeit, die den eigenen Ausdruck nicht zulässt.[22] Kluge versucht dem mit seinen Fernseharbeiten entgegenzuwirken um eine andere Form der Klarheit ohne Ausschluss von Nebensachen, zu entwickeln. Damit möchte er die „kollektive Unaufmerksamkeit" aufhalten. Kluge arbeitet in seinen Fernseharbeiten über Katastrophen sehr ähnlich wie bereits beschrieben. Es werden keine kontinuierlichen „reinen" Tatsachen dargestellt, sondern durch Unterbrechungen von scheinbar zusammenhangslosen Medien weitere Nebensachen angedeutet oder verstärkt dargestellt. Er vermittelt so eine besondere, eigene Betrachtungsweise des Dargestellten: Katastrophen werden nicht auf Schicksale heruntergebrochen; biblische oder antike Dramen werden zu aktueller Moderne; stilisierte Helden werden zu normalen Menschen. Kluge erzeugt Gegenbilder, die eine andere Sichtweise ermöglichen. Eigene Interpretationen sind ausdrücklich erwünscht, so dass ein klarer Verlauf einer Katastrophe, eine damit verbundene Schuldzuweisung oder ein eindeutiges Opfer oftmals nicht ausgemacht werden kann. Kluge stellt so die Objektivität der Subjektivität gegenüber. Es ergibt sich somit die Frage, inwieweit wir Katastrophen aus dem klassischen Medium Fernsehen beurteilen können, wenn wir unsere subjektiven Eindrücke ausblenden.

---

22   Vgl. Stollmann, Rainer: Alexander Kluge zur Einführung. Hamburg: Zweitausend
      eins 1998, S. 94 f.

7. Literaturverzeichnis

KREIMEIER, Klaus: „Das Seiende im Ganzen aber steuert der Blitz". Anmerkungen zu Alexander Kluges Magazinen. I. Über Kompatibilität. In: Kluges Fernsehen. Kulturmagazine. Hrsg. von Christian Schulte. Aufl. 1. Frankfurt a. M.: Surkamp 2002.

LUTZE, Peter: Alexander Kluge und das Projekt der Moderne. Fake-Interviews. In: Kluges Fernsehen. Kulturmagazine. Hrsg. von Christian Schulte. Aufl.1. Frankfurt a. M.: Surkamp 2002.

SCHULTE, Christian: Vorwort. In: Kluges Fernsehen. Kulturmagazine. Hrsg. von Christian Schulte. Aufl. 1. Frankfurt a. M.: Surkamp 2002.

SCHULTE, Christian: Fernsehen und Eigensinn. In: Kluges Fernsehen. Kultur magazine. Hrsg. von Christian Schulte. Aufl. 1. Frankfurt a. M.: Surkamp 2002.

STOLLMANN, Rainer: Alexander Kluge zur Einführung. Hamburg: Zweitausendeins 1998.

UECKER, Matthias: Rohstoffe und Intermedialität. Überlegungen zu Alexander Kluges Fernsehpraxis. I. Zwischen den Medien. In: Kluges Fernsehen. Kulturmagazine. Hrsg. von Christian Schulte. Aufl. 1. Frankfurt a. M.: Surkamp 2002.

Internet

DEUTSCHE WELLE: Papas Kino ist tot! - Das Oberhausener Manifest. www.dw-world.de/dw/article/0,,4315391,00.html (25.05.2011).

SCHULTE, Christian: Dialoge mit Zuschauern. www.kluge-alexander.de/nc/zur-person/texte-ueber/details/artikel/dialoge-mit-zuschauern/print.html (01.06.2011).

SCHULTE, Christian: Fernsehen der Autoren – Die Kulturmagazine der DCTP. www.kluge-alexander.de/zur-person/texte-ueber/details/artikel/fernsehen-der-autoren-die-kulturmagazine-der-dctp.html (25.05.2011).

SCHULTE, Christian: Kritische Theorie als Gegenproduktion. Zum Projekt Alexander Kluges. www.freietheater.at/?page=service&subpage=gift&detail=4258&id_text=11 (25.05.2011).

STOLLMANN, Rainer: Projekt: Autorenkino - Autorenfernsehen. www.medidap-rix.org/mdd_2005/suche/projekt1d7b.html?nr=143 (25.05.2011).